So wird es gemacht:

Öffne das LÜK®-Lösungsgerät und lege die Plättchen in den unbedruckten Deckel. Jetzt kannst du auf den Plättchen und im Geräteboden die Zahlen 1 bis 24 sehen.

Beispiel: Seite 8 ***Los geht's***
Nimm das Plättchen 1, lies Aufgabe 1 und überlege. Die Antwort ist Ja. Dahinter, unter dem lachenden Gesicht, steht die Lösungszahl 3. Die 3 ist auch die Feldzahl, auf die du das Plättchen 1 legst, also Plättchen 1 auf Feld 3 im Geräteboden. Die Zahl 1 soll nach oben zeigen.

So arbeitest du weiter, bis alle Plättchen im Geräteboden liegen. Schließe dann das Gerät und drehe es um. Öffne es von der Rückseite.

Wenn du das bei der Übungsreihe abgebildete Lösungsmuster siehst, hast du alle Aufgaben richtig gelöst. Passen einige Plättchen nicht in das Muster, dann hast du dort Fehler gemacht. Drehe diese Plättchen da, wo sie liegen, um, schließe das Gerät, drehe es um und öffne es wieder. Jetzt kannst du sehen, welche Aufgaben du falsch gelöst hast.

Nimm diese Plättchen heraus und suche die richtigen Ergebnisse. Kontrolliere dann noch einmal. Stimmt jetzt das Muster?

Das System ist für alle Übungen gleich: Die roten Aufgabennummern im Heft entsprechen immer den LÜK-Plättchen aus dem Lösungsgerät. Die Zahlen hinter den Lösungen sagen dir, auf welche Felder im Lösungsgerät die Plättchen gelegt werden müssen.

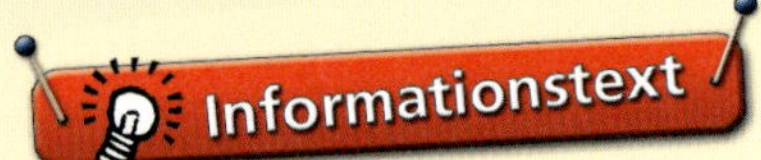

Diese Verkehrszeichen helfen dir als Fußgänger und Radfahrer!

Beginn eines verkehrsberuhigten Bereichs: Alle müssen Rücksicht nehmen und Vorsicht üben. Kinderspiele sind erlaubt. Fahrzeuge müssen Schritttempo fahren.

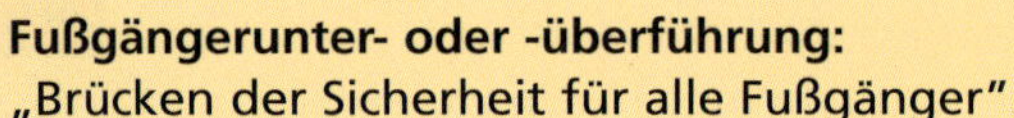

Fußgängerunter- oder -überführung: „Brücken der Sicherheit für alle Fußgänger".

Verkehrshelfer (Schülerlotsen) helfen dir auf dem Schulweg, sicher über die Straße zu kommen.

Dieses Zeichen kennzeichnet **Haltestellen für Straßenbahnen oder Linienbusse**.

Kraftfahrstraße bedeutet, dass hier nur Kraftfahrzeuge weiterfahren dürfen. Für Fußgänger und Radfahrer ist das Betreten oder Befahren verboten.

Dieses blaue Zeichen steht an **Fußgängerüberwegen**. Alle Benutzer der Fahrbahn müssen auf Fußgänger Rücksicht nehmen.

Beginn eines Fußgängerbereiches: Dieser Bereich ist Fußgängern vorbehalten. Alle anderen Verkehrsteilnehmer dürfen ihn nicht benutzen. Ausnahmen regelt ein Zusatzschild.

Sonderweg Fußgänger: Hier müssen Fußgänger gehen. Radfahren ist nur für Kinder unter 8 Jahren erlaubt, sofern kein Radweg vorhanden ist.

Sonderweg Radfahrer: Durch ein Zusatzschild kann die Benutzung durch Mofas gestattet werden. Für alle anderen Verkehrsteilnehmer ist er verboten.

Gemeinsamer Fuß- und Radweg heißt, dass Fußgänger und Radfahrer ihn benutzen müssen. Alle müssen aufeinander Rücksicht nehmen.

Getrennter Rad- und Fußweg: Fuß- und Radfahrer sind meist durch einen Strich getrennt.

Die **Einbahnstraße** darfst du auch als Radfahrer nur in Pfeilrichtung befahren.

Und diese Zeichen regeln die Vorfahrt oder zeigen eine Gefahr an!

Das Schild heißt: **Vorfahrt gewähren!** Hier musst du den von rechts und links kommenden Verkehr zuerst vorbeilassen.

Halt! Vorfahrt gewähren! Alle Fahrzeuge müssen vor der Kreuzung anhalten. Als Radfahrer musst du einen Fuß auf die Fahrbahn setzen.

Hier bist du als Radfahrer auf einer **Vorfahrtstraße.**

Dieses Zeichen zeigt das **Ende der Vorfahrtstraße** an. Bei der nächsten Einmündung oder Kreuzung hat der Vorfahrt, der von rechts kommt.

Dieses **Zusatzschild** zeigt den **Verlauf der Vorfahrtstraße** an. Es steht in Verbindung mit dem Zeichen „Vorfahrt gewähren".

Verbot für Fußgänger: Hier darfst du nicht weitergehen.

Hier musst du immer mit **Kindern** rechnen. Sei als Radfahrer besonders vorsichtig und immer bremsbereit!

Hier wird ein **Fußgängerüberweg** angekündigt. Sei als Radfahrer besonders aufmerksam!

Das Zeichen **Gefahrstelle** sagt dir, dass du als Radfahrer besonders aufmerksam sein musst.

Vor einer **Baustelle** sollst du als Radfahrer besonders auf die Fahrbahn achten.

Dieses Zeichen gibt dir als Radfahrer die **Vorfahrt** vor dem Querverkehr an der nächsten Kreuzung oder Einmündung.

Dieses Verkehrsschild kündigt dir als Radfahrer eine **Kreuzung oder Einmündung mit Vorfahrt von rechts** an.

Grundregeln, Vorschriften und Verhaltensweisen

Hier findest du Hinweise aus der Straßenverkehrsordnung (StVO), die du als Radfahrer beachten musst.

Die Teilnahme am Straßenverkehr erfordert ständige Vorsicht und gegenseitige Rücksicht. Jeder Verkehrsteilnehmer hat sich so zu verhalten, dass kein anderer geschädigt, gefährdet oder mehr, als nach den Umständen unvermeidbar, behindert oder belästigt wird.

Beispiele

Gefährdung: Du fährst mit deinem Fahrrad in der falschen Richtung auf einem Radweg.

Schädigung: Du rutschst mit deinem Fahrrad aus und beschädigst ein parkendes Fahrzeug.

Behinderung: Du stehst mit deinem Fahrrad auf dem Fußweg und versperrst Fußgängern den Durchgang.

Belästigung: Du betätigst dauernd deine Glocke am Fahrrad. Die älteren Leute fühlen sich belästigt.

Allgemeines über Verkehrszeichen

Gefahrzeichen weisen dich auf eine bestimmte Gefahr hin. Es sind meistens Dreiecke mit einem rotem Rand und der Spitze nach oben (§40 StVO).

Vorschriftzeichen enthalten Gebote und Verbote für dich und sind meist rund (§41 StVO).

Richtzeichen geben dir besondere Hinweise zur Erleichterung des Verkehrsablaufs (§39 StVO).

100 m

Zusatzschilder sind auch Verkehrszeichen. Sie sind rechteckig und unmittelbar unter einem anderen Verkehrszeichen angebracht (§39 StVO).

Das sollst du dir merken

Radfahrer müssen auf vorhandenen Radwegen fahren. Durch ein Zusatzschild kann die Benutzung des Radweges durch Mofas gestattet werden.

Radfahrer dürfen sich nicht an andere Fahrzeuge, z.B. Mofa oder Trecker, anhängen.

Radfahrer dürfen Gepäckstücke nur mitnehmen, wenn sie sich selbst oder andere dadurch nicht behindern oder gefährden.

Radfahrende Kinder, die noch nicht 8 Jahre alt sind, müssen den Fußweg benutzen, falls kein Radweg vorhanden ist (§2 Abs. 5 StVO).

Auf Fahrrädern dürfen nur Kinder unter 7 Jahren von mindestens 16 Jahre alten Personen mitgenommen werden, wenn für die Kinder besondere Sitze vorhanden sind. Außerdem muss durch eine Radverkleidung dafür gesorgt sein, dass die Füße der Kinder nicht in die Speichen geraten können (§21 Abs. 3 StVO).

Radfahrer dürfen nicht freihändig fahren. Die Füße dürfen sie nur von den Pedalen nehmen, wenn die Straßenverhältnisse das erfordern.

Los geht's!

Lies zunächst die Seiten 2 bis 7 aufmerksam durch!

1 Vermitteln dir die Vorschriftzeichen Gebote und Verbote?

2 Ist dieses Verkehrszeichen ein Richtzeichen? 

3 Ist dieses Verkehrszeichen ein Gefahrzeichen?

4 Dürfen Radfahrer im Straßenverkehr freihändig fahren?

5 Müssen Radfahrer vorhandene Radwege benutzen?

6 Darfst du als 12-jähriger Schüler deine kleine 5-jährige Schwester auf dem Fahrrad mitnehmen?

7 Dürfen sich Fahrradfahrer an andere Fahrzeuge anhängen?

8 Muss das verkehrssichere Fahrrad eine Glocke haben?

9 Darfst du im Dunkeln auf einem Fahrrad ohne Beleuchtung fahren?

10 Muss auch am Tag die Beleuchtung am Rad in Ordnung sein?

11 Linksabbieger haben Vorrang gegenüber dem Gegenverkehr. Ist das richtig?

12 Sollte jedes Fahrrad abschließbar sein?

13 Fußgänger, die ein Fahrzeug schieben oder ziehen, haben nie Vorfahrt. Stimmt das?

14 Darf ein Fahrrad einen Kilometerzähler haben?

15 Ist dieses Zeichen ein Vorschriftzeichen? 

16 An unbeschilderten Kreuzungen oder Einmündungen hat der Vorfahrt, der von rechts kommt. Stimmt das?

17 Ist dieses Zeichen ein Gefahrzeichen?

18 Sagt dir dieses Verkehrszeichen, dass du dich auf einer Vorfahrtsstraße befindest? 

19 Ist dieses Zeichen ein Richtzeichen?

20 Kann man die Regeln für den Straßenverkehr in der Straßenverkehrsordnung nachlesen?

21 Darfst du dein Fahrrad im Halteverbot abstellen?

22 „Wenn Kinder am Fahrbahnrand spielen, fahre ich besonders vorsichtig und bin stets bremsbereit“, sagt Fritz. Ist sein Verhalten richtig?

23 Haben unsere Regeln der Straßenverkehrsordnung auch im Ausland Gültigkeit?

24 Gilt der §1 der Straßenverkehrsordnung auch für Fußgänger?

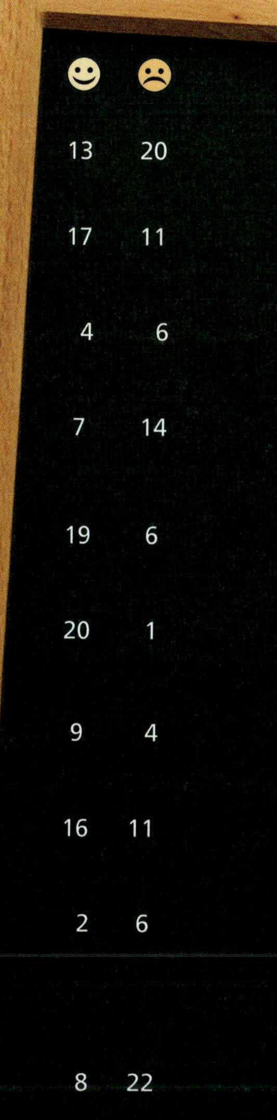

Das verkehrssichere Fahrrad

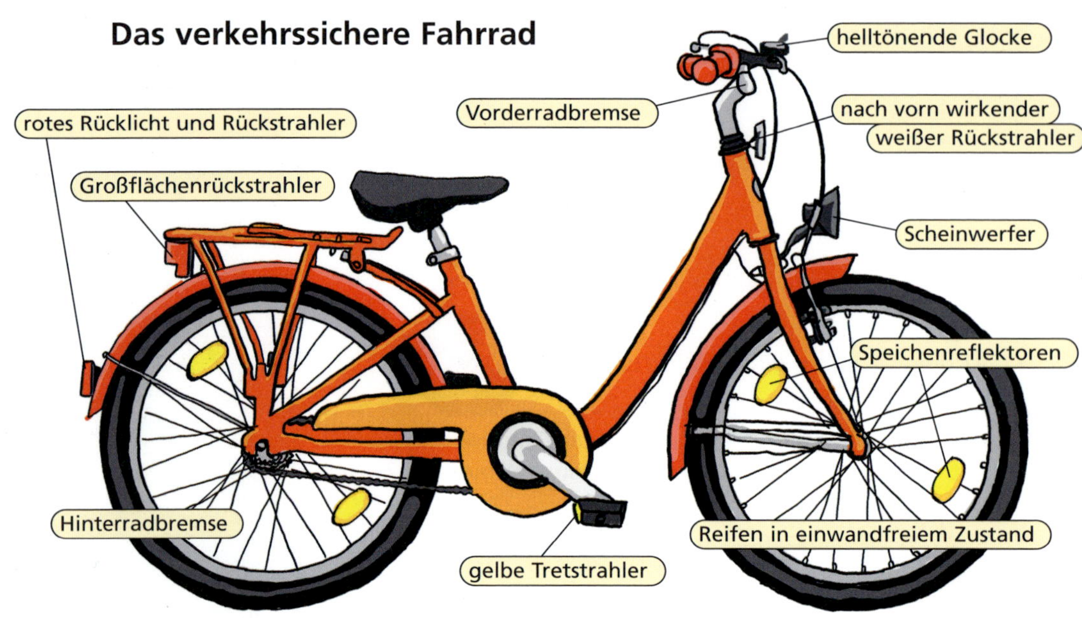

Sind das vorgeschriebene Teile für dein verkehrssicheres Fahrrad?

Nr.		☺	☹
1	... eine helltönende Glocke	14	4
2	... eine wasserdichte Packtasche	7	18
3	... eine Lampe (Scheinwerfer)	22	23
4	... gelbe Tretstrahler	13	3
5	... Reifen mit gutem Profil und in einwandfreiem Zustand	9	8
6	... eine Kindersitzvorrichtung	11	17
7	... ein Ersatzschlauch	16	6
8	... seitlich reflektierende Mittel, z.B. Speichenreflektoren	2	12
9	... zwei voneinander unabhängig wirkende Bremsen	21	19
10	... ein gut sichtbarer Schulranzen	15	10
11	... rotes Rücklicht und Rückstrahler	1	24
12	... eine Gangschaltung	20	5

Für alle Fahrradfahrer ist ein Schutzhelm sehr zu empfehlen.

Vorgeschriebene Ausrüstung

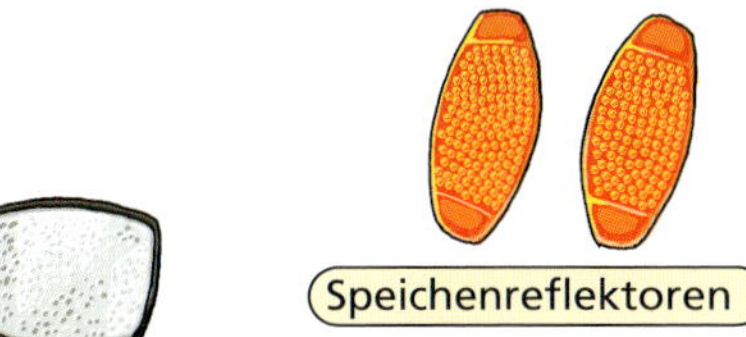

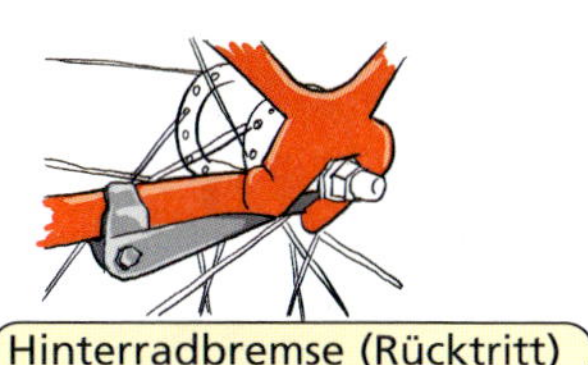

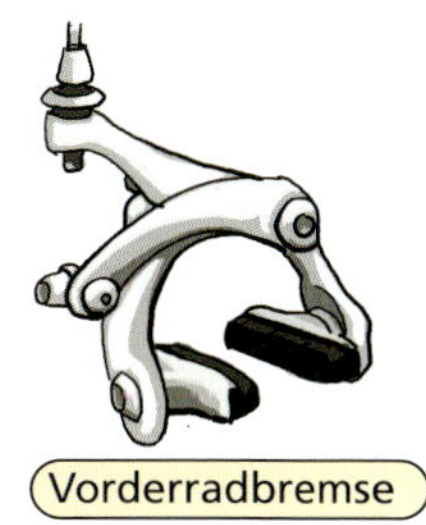

helltönende Glocke

gelbe Tretstrahler

rotes Rücklicht und Rückstrahler

Reifen in einwandfreiem Zustand

Sind das nützliche Zubehörteile für dein Fahrrad?

		☺	☹
13	... Fahrradständer	20	13
14	... Sturmglocke (Radlaufglocke)	9	24
15	... geschlossener Kettenschutz	15	14
16	... Werkzeugtasche mit Flickzeug und Ersatzventil	19	10
17	... Radio	6	12
18	... Blumenvase	1	16
19	... Schloss mit Stahlseil	11	5
20	... Abstandswarner	8	17
21	... Funksprechgerät	21	3
22	... Luftpumpe	23	22
23	... Gepäcktasche für eine Radtour	7	18
24	... Fan-Aufkleber	2	4

Wichtige Verkehrszeichen – kennst du sie?

1. Gefahrstelle
   Vorsicht! Fahrbahnverengung
2. Kreuzung oder Einmündung mit Vorfahrt von rechts
   Bahnübergang (beschrankt)
3. abknickende Vorfahrtsstraße (rechts)
   Kurve (rechts)
4. Gefälle
   Parken am Berg verboten
5. Gegenverkehr
   Baustelle
6. Gegenverkehr hat Vorfahrt
   einseitig (rechts) verengte Fahrbahn
7. Gegenverkehr
   dem Gegenverkehr Vorrang gewähren
8. Lichtzeichenanlage
   Baustellenampel in Betrieb
9. Vorsicht Kinder!
   Fußgängerüberweg
10. Bahnübergang mit Schranken oder Halbschranken
    Baustelle
11. vorgeschriebene Fahrtrichtung – geradeaus und rechts
    geradeaus und rechts abbiegen verboten!
12. Kinderspiele verboten!
    Ende eines verkehrsberuhigten Bereichs

13  Bahnübergang (beschrankt)
Andreaskreuz: dem Schienenverkehr Vorrang gewähren!

14  Vorfahrt gewähren!
Vorfahrtsregelung rechts vor links

15  Halt! Vorfahrt gewähren!
Halt nach 50 m!

16  Gefährliche Durchfahrt!
Dem Gegenverkehr Vorrang gewähren!

17  Vorfahrt
Vorfahrt achten!

18  Vorfahrtsstraße
Vorrang vor dem Gegenverkehr

19  Vorrang vor dem Gegenverkehr (Ende)
Ende der Vorfahrtstraße

20  Vorfahrt für LKWs
Vorrang vor dem Gegenverkehr

21  Beginn eines verkehrsberuhigten Bereichs
Spielstraße für Autos verboten!

22  Verbot für Fußgänger und Radfahrer
gemeinsamer Fuß- und Radweg

23  getrennter Rad- und Fußweg
Spielstraße für radfahrende Kinder

24  Verbot für Radfahrer
Radweg

22 / 21
17 / 18
13 / 24
11 / 22
6 / 7
14 / 8
23 / 5
19 / 10
2 / 20
16 / 18
9 / 3
1 / 15

Darfst du als Radfahrer hier weiterfahren?
Entscheide dich: Ja ☺ oder nein ☹?

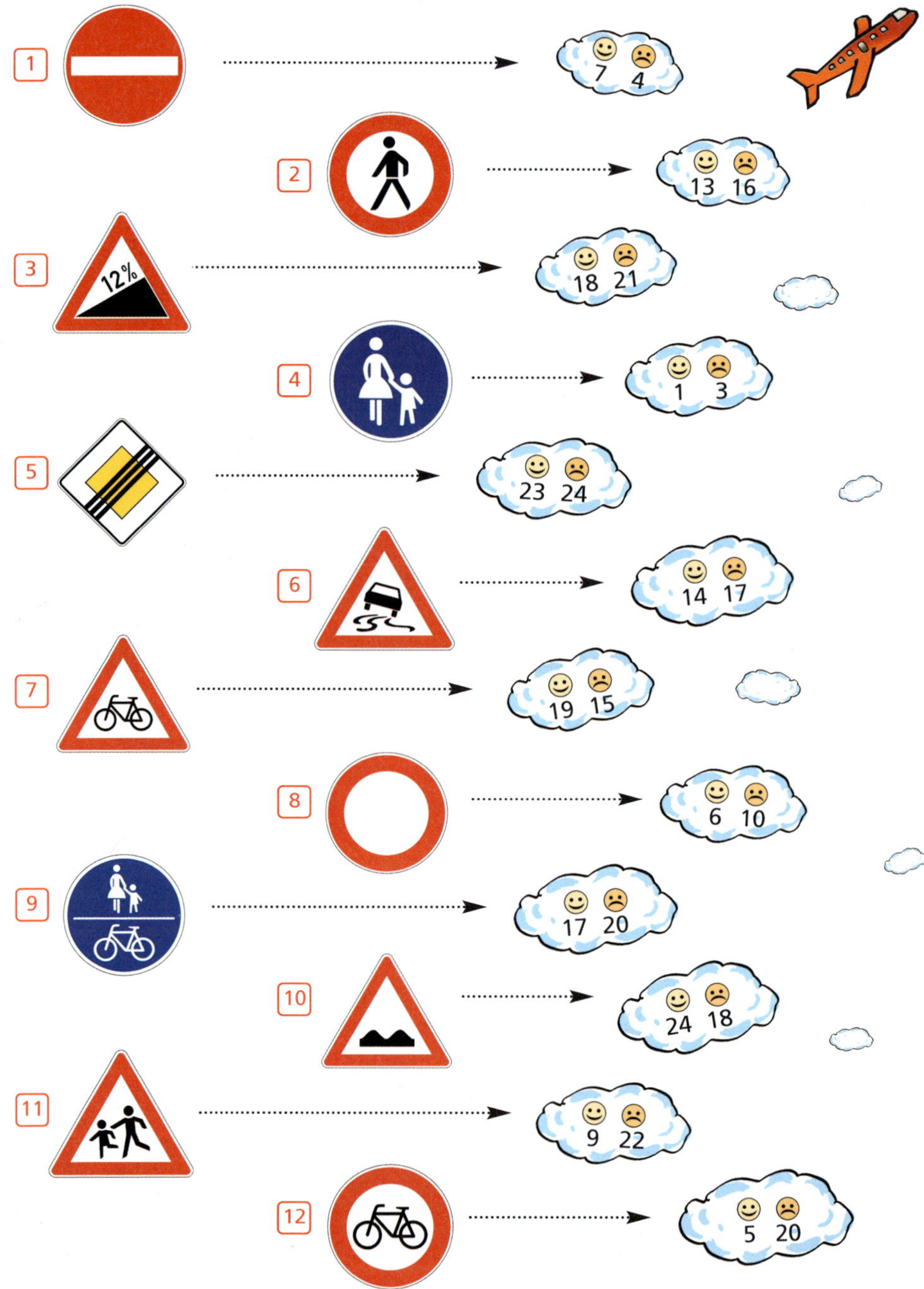

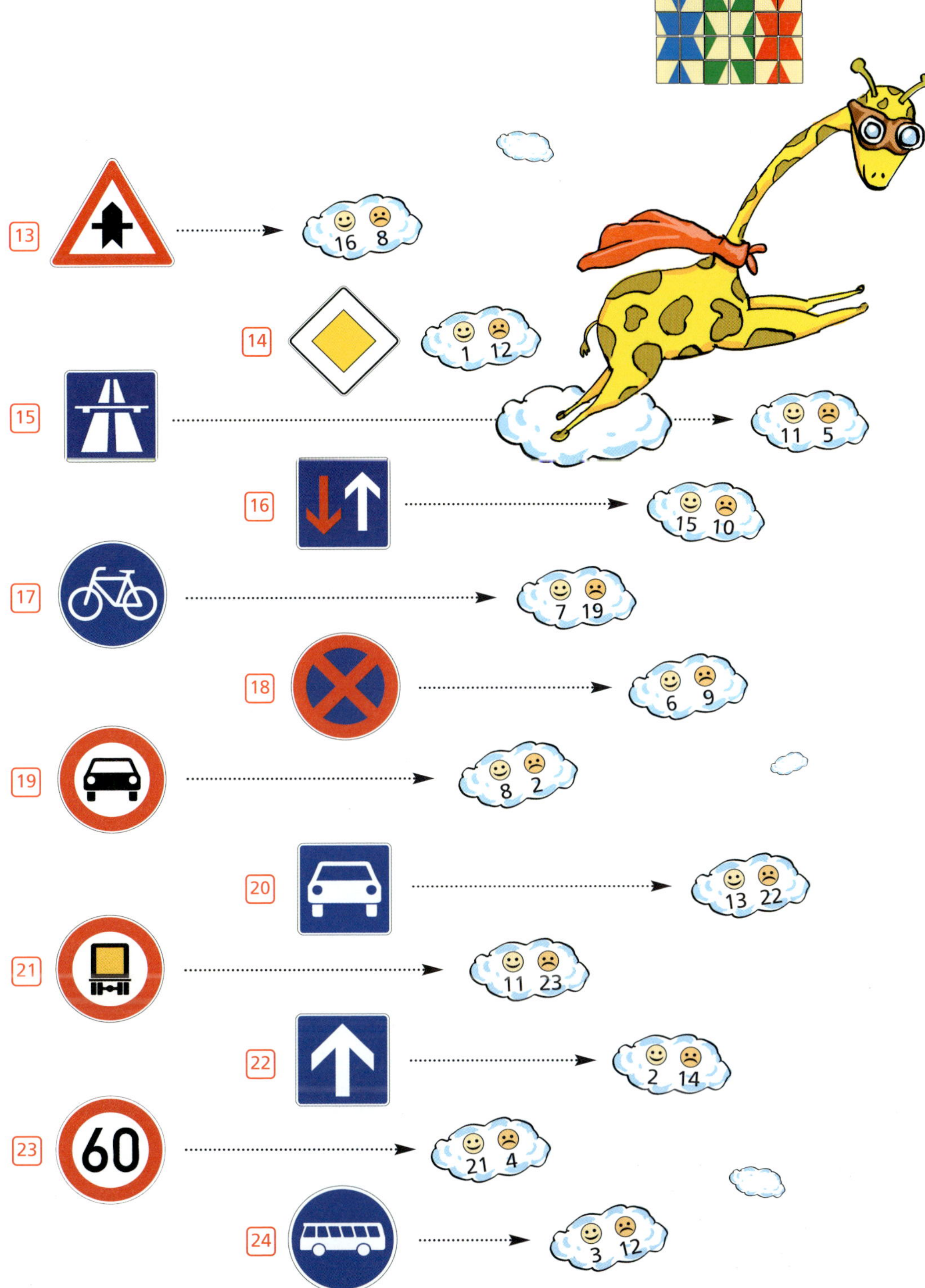
13
16 8
14
1 12
15
11 5
16
15 10
17
7 19
18
6 9
19
8 2
20
13 22
21
11 23
22
2 14
23
60
21 4
24
3 12

Vorfahrtsregeln, die ein Radfahrer immer beachten muss!

1 Vorfahrtsregeln gelten für Kreuzungen und Einmündungen.

2 Sind keine Verkehrszeichen vorhanden, so hat derjenige Vorfahrt, der von rechts kommt (rechts vor links).

3 Hier musst du dem Querverkehr Vorfahrt gewähren.

4 Beim Haltschild musst du an der Haltelinie stoppen und dem Querverkehr die Vorfahrt gewähren.

5 An der nächsten Kreuzung oder Einmündung hast du die Vorfahrt.

6 Du befindest dich auf der Vorfahrtstraße. Du hast also Vorfahrt.

7 Wenn du als Radfahrer aus einem Feld- oder Waldweg auf eine andere Straße kommst, hast du keine Vorfahrt.

8 Verkehrsteilnehmer, die auf der Fahrbahn z. B. ein Fahrrad schieben oder einen Handwagen ziehen, sind im Sinne der StVO Fußgänger und müssen sich entsprechend verhalten.

9 Linksabbieger müssen den Gegenverkehr vorbeilassen.

10 Beim Verlassen eines verkehrsberuhigten Bereichs hast du keine Vorfahrt.

11 Verkehrsampeln, die in Betrieb sind, heben alle vorfahrtsregelnden Verkehrszeichen auf.

12 Die Verkehrsregelung durch Polizeibeamte hebt Ampel- und andere Vorfahrtsregeln auf.

Regeln diese Verkehrszeichen die Vorfahrt?
Entscheide dich: Ja ☺ oder nein ☹?

Nr.	☺	☹
13 STOP	24	3
14	16	20
15	10	14
16	2	23
17 Wilster Kreis Steinburg	24	13
18	19	9
19	14	4
20	6	17
21 STOP 100 m	3	8
22	1	19
23	22	18
24	11	4

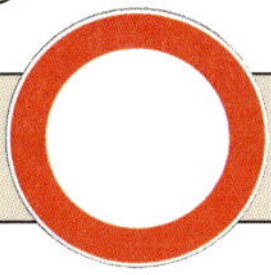

Schwierige Verkehrssituationen: Kennst du die richtige Antwort?

1 Wer darf als Erster fahren?

- Der Pkw-Fahrer. 7
- Der Radfahrer. 15

2 Du bist der Radfahrer. Wie verhältst du dich?

- Ich fahre nach dem Lkw. 13
- Ich fahre nach dem Pkw. 9

3 In welcher Reihenfolge dürfen die Fahrzeuge fahren?

- Lkw – Pkw – Radfahrer. 12
- Pkw – Radfahrer – Lkw. 24

4 Wie verhältst du dich als Radfahrer?

- Ich warte, bis der Lkw vorbei ist, und biege dann rechts ab. 20
- Ich fahre vor dem Lkw, weil ich schneller bin. 23

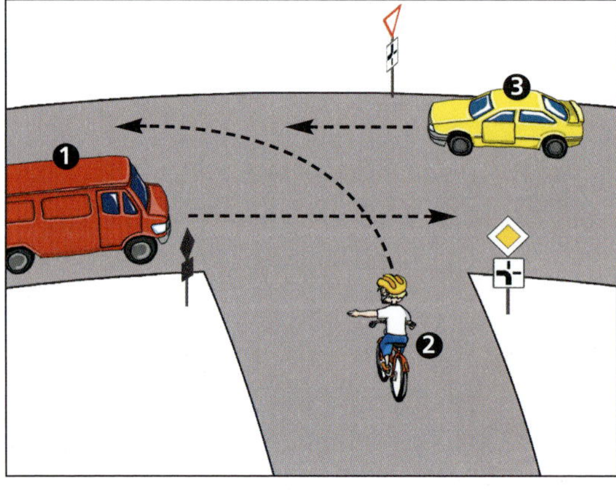

5 In welcher Reihenfolge fahren die Fahrzeuge?

- Reihenfolge ❶❷❸ 22
- Reihenfolge ❷❶❸ 17

6 Wie verhältst du dich als Radfahrer?

- Ich lasse den Pkw zuerst fahren, weil er von rechts kommt. 14
- Ich befinde mich auf der Vorfahrtstraße und darf als Erster fahren. 10

7 Wem muss der Lkw Vorfahrt gewähren?

Dem Radfahrer. 3

Dem PKW. 4

8 Wie verhältst du dich als Radfahrer?

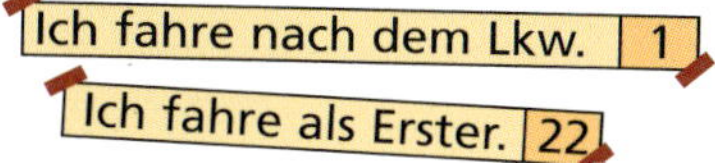

Ich fahre nach dem Lkw. 1

Ich fahre als Erster. 22

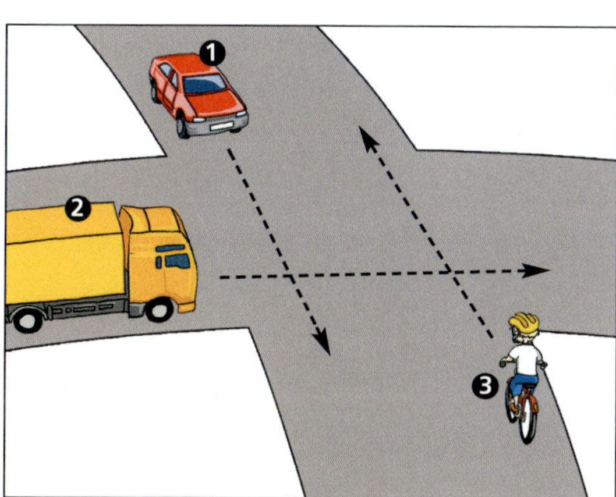

9 In welcher Reihenfolge darf gefahren werden?

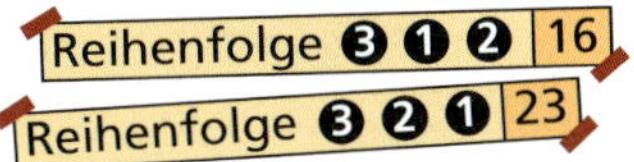

Reihenfolge ❸ ❶ ❷ 16

Reihenfolge ❸ ❷ ❶ 23

10 Wie verhältst du dich als Radfahrer?

Ich fahre als Erster. 6

Ich fahre nach dem Lkw. 19

11 Wie verhältst du dich als Radfahrer?

Ich warte, bis der Pkw vorbei ist, dann fahre ich. 8

Ich fahre nach dem Lkw. 14

12 Wen muss der Pkw durchlassen?

Den Radfahrer. 3

Den Lkw. 11

Schwierige Verkehrssituationen: Kennst du die richtige Antwort?

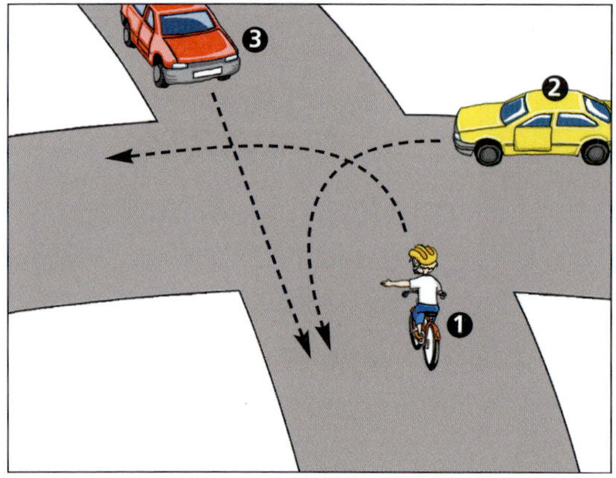

13 In welcher Reihenfolge fahren die Verkehrsteilnehmer?

14 Du bist der Radfahrer. Wie verhältst du dich?

Ich fahre als Letzter. 22

Ich fahre als Erster. 2

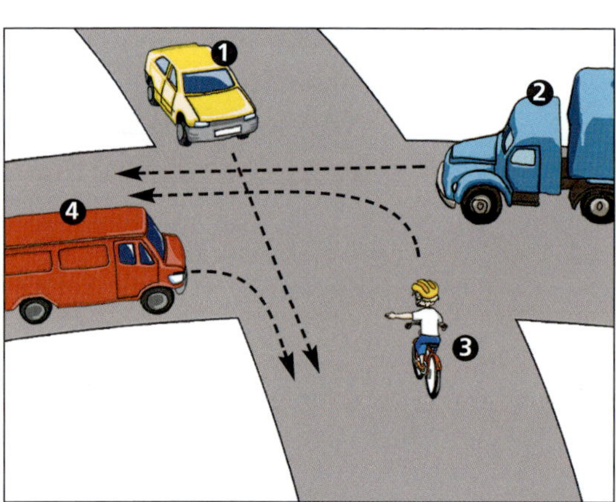

15 In welcher Reihenfolge wird gefahren?

Reihenfolge ❹❶❷❸ 11

Reihenfolge ❶❷❸❹ 18

16 Wie verhältst du dich als Radfahrer?

Ich fahre nach dem Pkw. 1

Ich fahre nach dem Lkw. 8

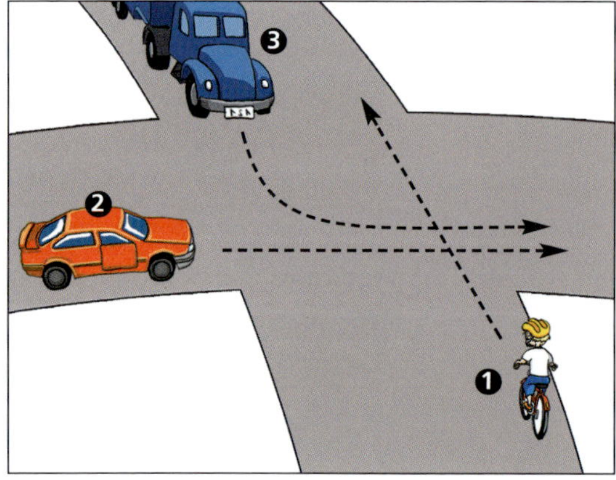

17 Wer darf zuerst fahren?

Das Auto, weil es schneller ist. 5

Der Radfahrer, weil er von rechts kommt. 15

18 In welcher Reihenfolge fahren die Verkehrsteilnehmer?

Reihenfolge ❸❷❶ 17

Reihenfolge ❶❷❸ 24

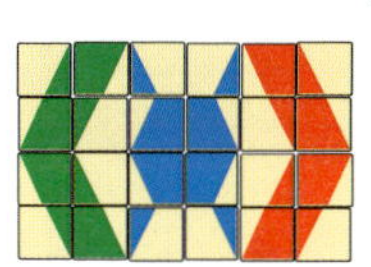

19 Du bist der Radfahrer. wie musst du dich verhalten?

- Ich fahre nach dem Pkw. 16
- Ich als Erster. 4

20 Gilt die Regel „rechts vor links“ auch für Personen mit Handwagen?

- Die Regel gilt immer. 6
- Nein, Personen, die einen Handwagen ziehen, müssen immer warten. 13

21 Wie musst du dich an dieser Kreuzung verhalten?

- Ich richte mich nach den Anweisungen des Polizisten. 5
- Ich richte mich nach der Ampel. 17

22 Wer darf fahren?

- Der Radfahrer. 21
- Der Pkw, weil er Grün hat. 9

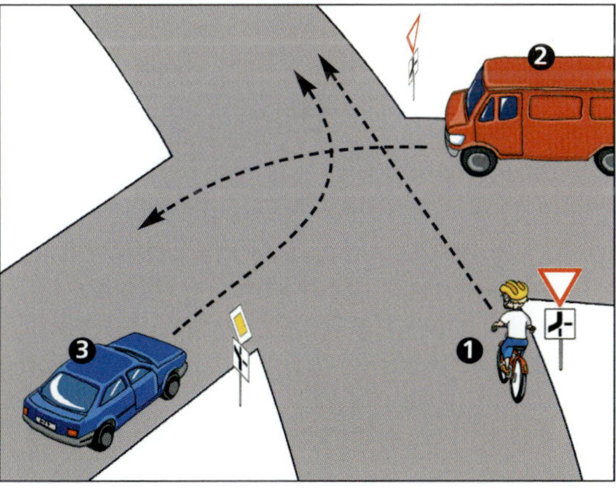

23 Du bist der Radfahrer. wann darfst du fahren?

- Als Zweiter. 6
- Als Dritter. 2

24 In welcher Reihenfolge wird gefahren?

- Reihenfolge ❸❷❶ 18
- Reihenfolge ❶❸❷ 10

Das Linksabbiegen

1 Umsehen
2 Zeichen geben
3 Einordnen
4 Vorfahrt beachten
5 Gegenverkehr beachten
6 Nochmals umsehen
7 Abbiegen
8 Fußgänger beachten

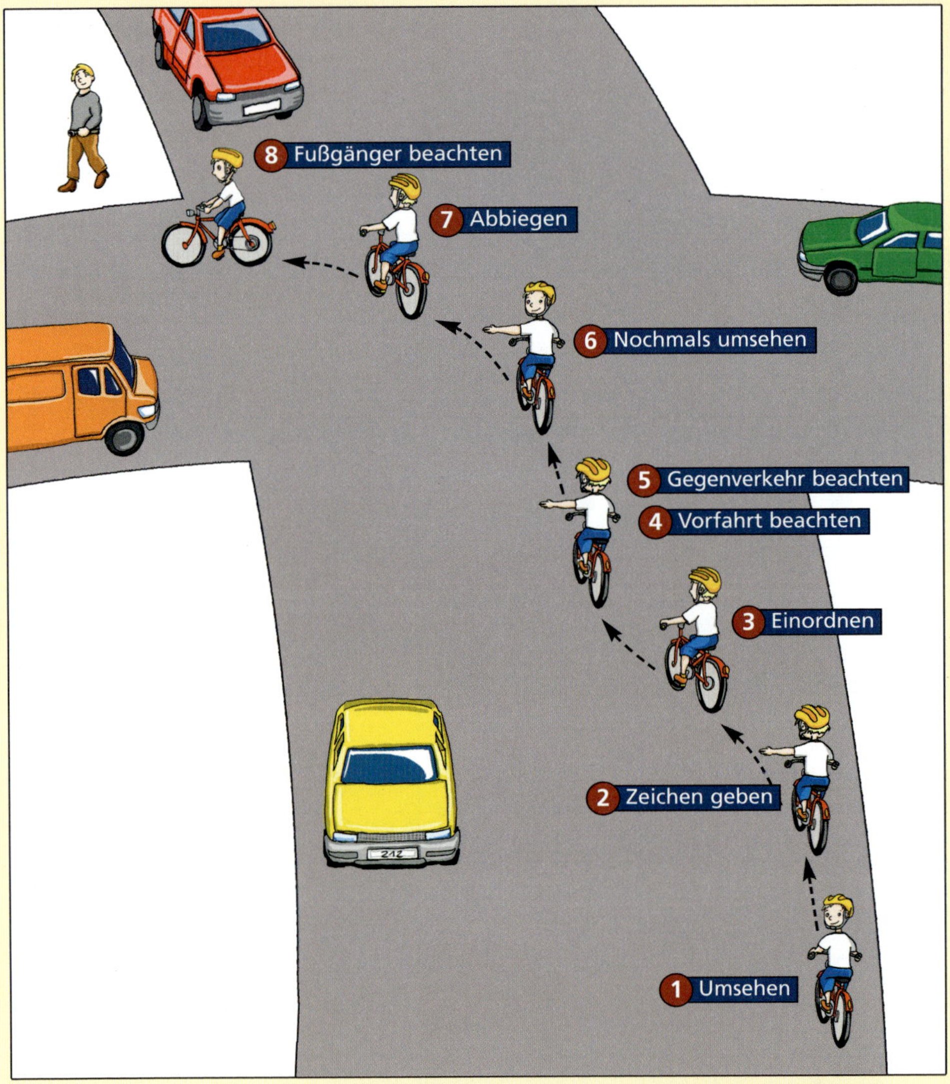

Das Linksabbiegen und das „Vorbeifahren“ an haltenden Fahrzeugen oder Hindernissen sind die Hauptunfallursachen bei Radfahrern. Wie ihr aus der Abbildung oben erkennt, ist das Linksabbiegen eine sehr schwierige und bei starkem Verkehr auch gefährliche Übung für den Radfahrer.
Merkt euch die einzelnen Punkte und beachtet besonders die doppelte Rückschaupflicht! Wenn irgend möglich, solltet ihr lieber das „alternative Linksabbiegen“ beherzigen. Das ist sicherer und oft sogar schneller.

Alternatives Linksabbiegen mit Ampel

Alternatives Linksabbiegen ohne Ampel

Vorbeifahren an Hindernissen

Wenn du an einem haltenden Fahrzeug oder einer Absperrung links vorbei fahren willst, musst du entgegenkommende Fahrzeuge vorbeilassen.
Vor dem Ausscheren musst du auf den nachfolgenden Verkehr achten und deine Absicht durch Handzeichen deutlich machen. Auch beim Wiedereinordnen musst du Handzeichen geben.

Einfahren in den fließenden Verkehr

Endet ein Radweg, so musst du dich in den fahrenden Verkehr einordnen. Sieh dich um! Gib Handzeichen, schau dich nach links und nach hinten um und warte eine ausreichend große Lücke ab, um dich in den fließenden Verkehr einzuordnen!

Testfragen vor der Radfahrprüfung

Bei welchen Verkehrszeichen darfst du als Radfahrer **nicht weiterfahren**?

4 Du willst als Radfahrer rechts abbiegen. Die Fußgänger überqueren bei „Grün" die Fahrbahn. Wie musst du dich verhalten?

Ich muss die Fußgänger zuerst vorbeilassen. 11

Ich fahre um die Fußgänger herum, da ja alle „Grün" haben. 3

5 Du fährst mit deinem Fahrrad auf eine Baustelle zu, an der du links vorbeifahren willst. Wie verhältst du dich?

Ich warte, bis kein Gegenverkehr mehr kommt. 1

Der LKW und ich haben genügend Platz. Ich fahre weiter. 19

6 Du bist mit deinem Rad ca. 20 m vor der Kreuzung. Soeben hat die Ampel von „Grün" auf „Gelb" umgeschaltet. Wie verhältst du dich?

Ich halte am rechtem Fahrbahnrand auf Höhe der Haltelinie an. 10

7 Fritz hat in einem Zoogeschäft einen Hundekorb gekauft und fährt damit auf seinem Rad nach Hause. Macht Fritz es richtig?

Ja, der sperrige Hundekorb behindert ihn kaum. 13

Nein, der Korb sollte auf dem Gepäckträger transportiert werden. 21

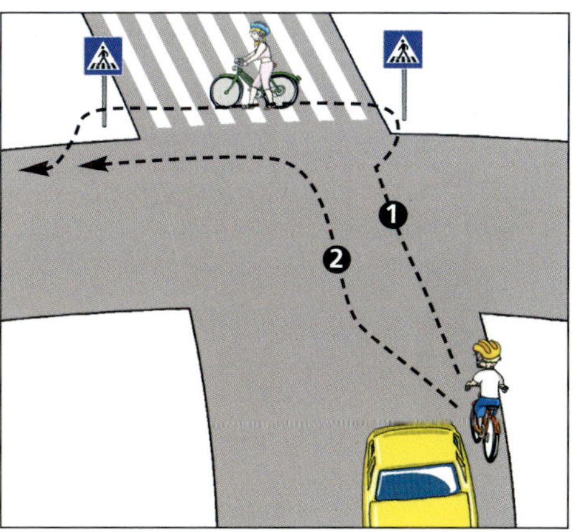

8 Gudrun will mit ihrem Fahrrad nach links abbiegen. Sie hat zwei Möglichkeiten, dies zu tun. Welcher Weg ist sicherer?

9 Du willst mit deinem Fahrrad aus einem Waldweg auf eine Straße fahren. Wie verhältst du dich?

Der LKW und ich haben genügend Platz. Ich fahre weiter. 14

Der Verkehr auf der Straße hat Vorfahrt. Ich muss Vorfahrt gewähren, Handzeichen geben und eine ausreichend große Lücke im Verkehrsstrom abwarten. 8

10 Welche Radfahrer verhalten sich richtig?

11 Bei welchem Verkehrszeichen musst du bei Gegenverkehr warten?

Testfragen vor der Radfahrprüfung

12 Darfst du als Radfahrer bei diesem Schild am Straßenrand halten?

- Nein, hier darf niemand halten. 22
- Ja, ein kurzes Verweilen ist hier möglich. 15

13 Welche Aussage ist richtig?

- Bei Regen wird die Fahrbahn sauber und der Bremsweg kürzer. 18
- Bei Regen kann die Straße rutschig werden und ich kann schlechter stoppen. 23

14 Ein Überholen kann auch verboten sein, wenn es die Straßensituation erfordert. Wo könnte das sein?

- Vor unübersichtlichen Kurven. 3

- Auf Radwegen. 24

15 An einer Baustellenampel warten ca. 20 Autos auf „Grün". Du kommst mit deinem Fahrrad herangefahren. Wie verhältst du dich richtig?

- Ich schlängele mich links an den haltenden Fahrzeugen vorbei und warte in Höhe des ersten Fahrzeugs vor der Ampel. 4
- Sofern ausreichend Platz vorhanden ist, fahre ich an den Fahrzeugen vorsichtig rechts vorbei und warte vor der Ampel. 19

16 In der Mitte der Straße siehst du eine „Nagelreihe". was bedeutet das für dich?

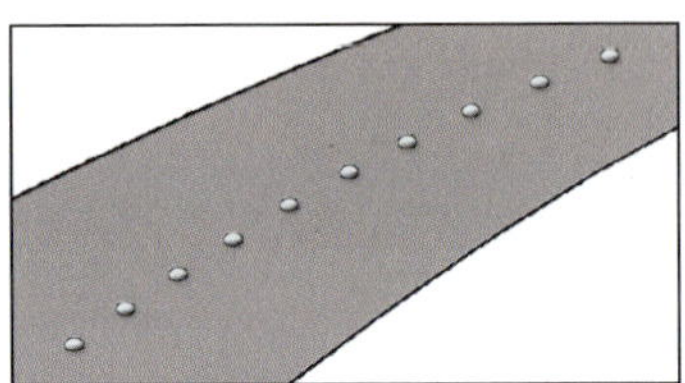

- Ich darf generell nicht überholen. 12
- Wenn ich überhole, darf ich keinesfalls die Nagelreihe überqueren. 24

17

Du bist der Radfahrer und willst nach links abbiegen. Wo musst du warten?

- An Punkt ❷ 15
- An Punkt ❶ 23

18 Du willst nach links abbiegen. Was tust du zuerst?

Ich ordne mich ein. 8

Ich sehe mich um. 20

Ich klingele und gebe Handzeichen. 12

19 Was sagt dir dieses Schild?

Radfahrer dürfen hier ihr Fahrrad schieben, wenn die Fußgänger dadurch nicht behindert werden. 16

Radfahrer dürfen hier fahren, denn dieses Schild bedeutet „Verbot für Fußgänger". 7

20 Womit musst du bei diesem Schild rechnen?

Mit Kindern, die auf dem Spielplatz spielen. 1

Mit Baufahrzeugen und rutschiger Fahrbahn. 18

21 Bei welchem Verkehrszeichen musst du Handzeichen geben?

 14

 6

22 Du bist mit deinem Fahrrad ausgerutscht und hast ein parkendes Auto beschädigt. Wie musst du dich verhalten?

Als Radfahrer brauche ich nicht zu warten. 22

Falls der Besitzer nicht da ist und ich einige Zeit gewartet habe, muss ich Namen und Anschrift am beschädigten Fahrzeug hinterlassen. Den Schaden muss ich der nächsten Polizeidienststelle melden. 4

23 Welche Bedeutung hat dieses Schild?

Vorgeschriebene Fahrtrichtung „Geradeaus". 4

Einbahnstraße. 17

24 Warum musst du auch auf dem Radweg rechts fahren?

Damit mich andere Radfahrer, die schneller fahren als ich, überholen können. 13

Weil die linke Hälfte des Radwegs oft versperrt ist. 10

Orientierungshilfen

Sie helfen dir und anderen, den Weg leichter zu finden.
Ordne den Bildern die richtige Bedeutung zu!

Bildzeichen

Kennst du deren Bedeutung?
Ordne die Bilder den Texten zu!

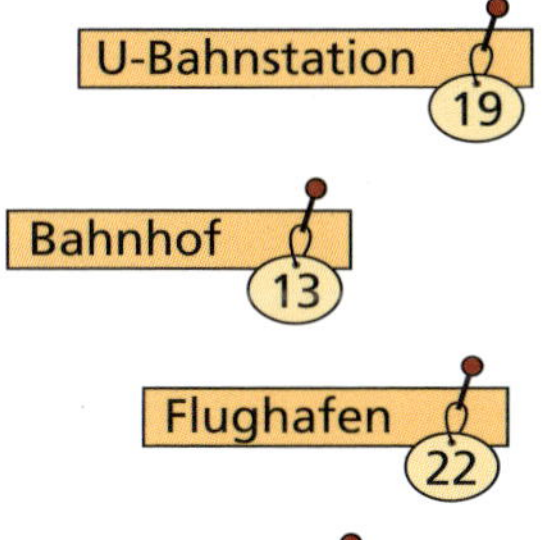

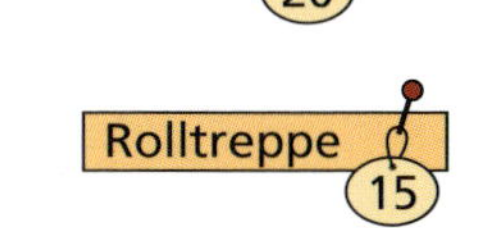

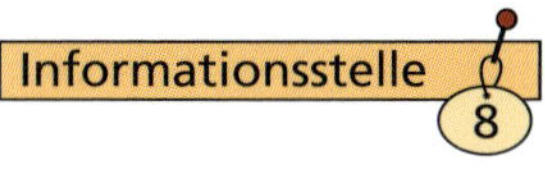

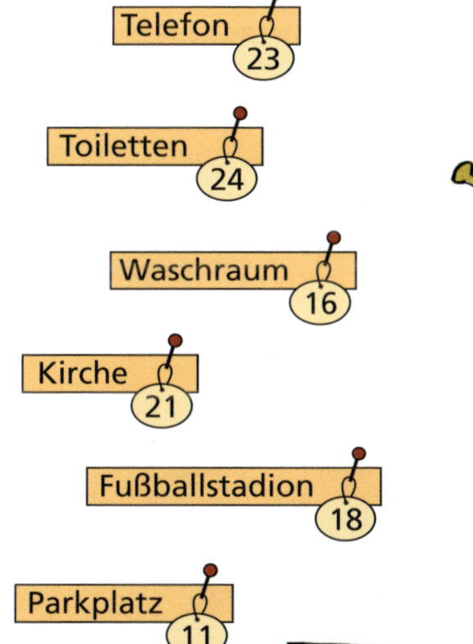

Sind diese Aussagen richtig?
Entscheide dich: ja oder nein

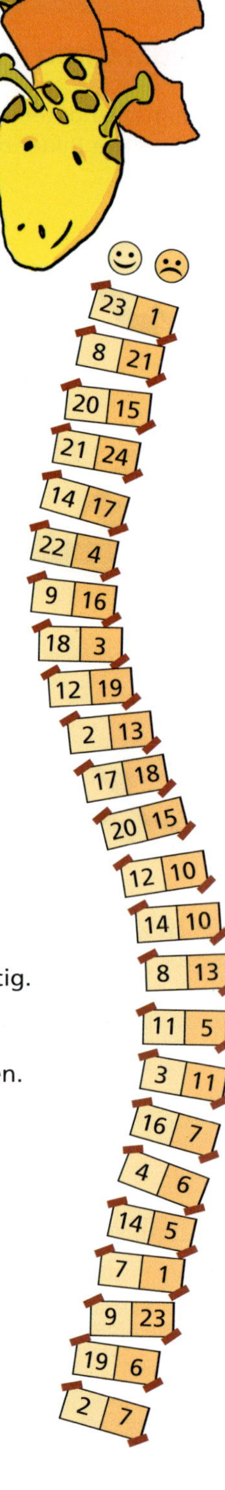

1 Mein Fahrrad braucht eine Glocke.
2 Ständiges Klingeln ohne Grund ist erlaubt.
3 Kurven zu schneiden, ist gefährlich.
4 Eine Sturmklingel gehört zum verkehrssicheren Fahrrad.
5 Radfahrer müssen vorhandene Radwege benutzen.
6 Die Vorfahrtsregel heißt: „rechts vor links“.
7 Das Zeichen gilt nur für Autos.
8 Dauerndes Klingeln ist eine Belästigung.
9 Radfahrer dürfen freihändig fahren.
10 Das Zeichen bedeutet „Vorfahrt gewähren“.
11 Ein Kilometerzähler kann nützlich sein.
12 Fußgänger sind immer wartepflichtig.
13 §1 der Straßenverkehrsordnung gilt auch für Radfahrer.
14 Ohne Schlussleuchte ist dein Fahrrad verkehrssicher.
15 Bremsen solltest du mit Vorder- und Hinterbremse gleichzeitig.
16 Das Zeichen erlaubt Kinderspiele auf der Straße.
17 Ohne Luft auf den Reifen solltest du dein Rad lieber schieben.
18 Gebietet der Polizist „Halt“, so musst du fahren.
19 Fußgängerampeln geben Fußgängern Sicherheit.
20 Das Zeichen bedeutet „Steigung“.
21 Autobahnen sind für Radfahrer erlaubt.
22 Das Zeichen verbietet Radfahrern die Einfahrt.
23 Fußgänger dürfen Radwege benutzen.
24 Wer §1 der Straßenverkehrsordnung befolgt, fährt sicher.